Inhalt

Green Procurement - Nachhaltigkeit als zusätzliche Dimension

Kernthesen

Beitrag

Fallbeispiele

Weiterführende Literatur

Impressum

Green Procurement - Nachhaltigkeit als zusätzliche Dimension

I.Zeilhofer-Ficker

Kernthesen

- Erst ein Drittel der deutschen Einkäufer hat die strategische Bedeutung von Nachhaltigkeitsfaktoren für den Unternehmenserfolg erkannt.
- Dabei könnte das Einfordern von nachhaltigen Prozessen und Produkten nicht nur Kosten sparen sondern auch Innovationen voranbringen.
- Ein Umdenken in den Einkaufsabteilungen ist jetzt erforderlich, damit Wettbewerbsvorteile für die Zukunft erarbeitet werden können.

Beitrag

Umweltbewusstsein und Nachhaltigkeit sind im Privatleben angekommen. Biolebensmittel und Fair-Trade-Produkte verkaufen sich besser denn je und energieeffiziente Apparate, Geräte und sogar Wohngebäude erfreuen sich großer Nachfrage. Bei den Einkaufsabteilungen in der Industrie hat der Nachhaltigkeitsgedanke bisher allerdings nicht so richtig Fuß fassen können.

Nachhaltig einkaufen ist erst selten die Firmenstrategie

Für gewöhnlich beeinflusst die Einkaufsabteilung eines Industriebetriebs 50 bis 70 Prozent der Unternehmenskosten. Hier werden häufig die Weichen für den Unternehmenserfolg, für Gewinne oder Verluste und auch für die künftige Wettbewerbsfähigkeit gestellt. Eine strategische, zukunftsgerichtete Denkweise sollte zu den Grundvoraussetzungen des Einkaufsmanagements gehören. Umso verwunderlicher ist es, dass sich erst ein Drittel der deutschen Unternehmen mit dem Green Procurement befasst hat. Dabei geht die Definition von Green Procurement weit über das grüne, umweltbewusste Einkaufen hinweg. Es beinhaltet neben ökologischen auch ethische und soziale Aspekte. Ihr Ziel ist ein komplett nachhaltiger Produktlebenszyklus, von der Gewinnung der Rohstoffe bis zur endgültigen Entsorgung oder dem Recycling. [1], [2]

Grüne Themen werden für jedes Unternehmen immer wichtiger. Die steigenden Rohstoffpreise kombiniert mit engeren gesetzlichen Vorgaben haben schon so manche Änderung in der Prozesskette ausgelöst. Abfallvermeidung, Wiederverwendung und Recycling sollen soweit möglich schon beim Produktdesign mit einbezogen werden. Die Verknappung des Rohöls und die dadurch explodierenden Energiekosten treiben die Nachfrage nach regenerativen Energien sowie nach mehr Energieeffizienz. Alternative, nicht auf Mineralöl basierende Rohstoffe werden gesucht, neue energiesparende Prozesse entwickelt. Die Einkaufsabteilungen haben hierbei eine tragende Rolle zu spielen. [2], [3], [4]

Gesetzliche Richtlinien wie RoHS und REACH zwingen viele Unternehmen außerdem dazu, giftige und umweltschädliche Rohmaterialien zu ersetzen oder nur noch unter großen Auflagen zu verwenden. Auch hier sind Alternativen gefragt, die der Einkauf beschaffen muss. [2]

Das Finden von alternativen Produkten, die Qualifizierung von neuen Lieferanten und das Kostenmanagement gehören zu den selbstverständlichen Aufgaben einer jeden Einkaufsabteilung. Bewusst werden Umweltaspekte allerdings erst selten in die Kaufentscheidungen mit einbezogen. 72 Prozent der europäischen Unternehmen geben an, die Aspekte des nachhaltigen Einkaufs, des Sustainable Procurement also, nur projektbezogen zu berücksichtigen. Eine klare Verantwortlichkeit für das Green Procurement gibt es in Deutschland erst bei 18 Prozent der Unternehmen. (1)

Das Thema umwelt- und sozialgerechte Beschaffung scheint also in den deutschen Einkaufsabteilungen noch nicht angekommen zu sein. Ein Grund dafür ist sicher die unklare Definition von umweltgerecht. Ist Styropor beispielsweise grundsätzlich zu verdammen oder abhängig vom Einsatz (als Dämmmaterial für Gebäude zum Beispiel) sogar als umweltfreundlich einzustufen? Fragen wie diese dienen so manchem Einkäufer als gute Entschuldigung dafür, sich nicht näher mit dem Thema zu beschäftigen. Für Abhilfe könnten hier Schulungen sowie vom Management entwickelte Leitlinien sorgen. (5)

Warum nachhaltig beschaffen?

Weltweit werden grüne Themen immer wichtiger. Verbraucher bevorzugen verstärkt Produkte, die nach ökologischen und ethischen Standards produziert wurden. Keiner will daran Schuld sein, dass in Indien Kinder zu schwersten Arbeiten gezwungen werden oder ein Produktionsbetrieb in China ganze Landstriche verseucht. Arbeitet man mit Lieferanten zusammen, die keinen Mindeststandards in Sachen Umwelt- und Mitarbeiterschutz folgen, so kann das gravierende, negative Folgen für die Reputation des eigenen Unternehmens und damit für die Marktposition haben. (3)

Nachhaltige Beschaffung hat aber nicht nur positive Auswirkungen auf das Image, sondern auch ökonomische Vorteile. Nachhaltig wirtschaftende Unternehmen stehen im Vergleich zu anderen finanziell besser dar, wie die positive Entwicklung von Nachhaltigkeitsfonds und Indizes zeigt. Tatsächlich erweisen sich Umweltschutzmaßnahmen und ein schonender Umgang mit den vorhandenen Ressourcen häufig als wirksames Mittel zum Kosten sparen. Werden Produktionsprozesse im Hinblick auf ihre Nachhaltigkeit überprüft, so ist das Resultat meist nicht nur mehr Schutz für Mensch und Umwelt sondern meist auch eine Effizienzsteigerung. Dies wiederum führt zu niedrigeren Kosten und höheren Gewinnen. Der amerikanische Experte für grüne Beschaffungsstrategien, Bob Willard, hat errechnet, dass nachhaltiges Handeln zu Gewinnsteigerungen von bis zu 38 Prozent in fünf Jahren führen kann. (2), (6)

Nachhaltig wirtschaftende Unternehmen sind zudem innovativ. Die Suche nach grünen Alternativen treibt Produkt- und Prozessentwicklungen und fördert die Innovationskraft. Das Risiko, von einem grünen Lieferanten mit Gift verseuchte oder qualitativ minderwertige Ware zu bekommen, ist gering. Insgesamt wird die Einführung einer Green Procurement Strategie deshalb für ein Unternehmen sowohl finanzielle als auch Wettbewerbsvorteile bieten, die im momentanen Marktumfeld dringend von Nöten sind. (1), (3), (6)

Nachhaltigkeit als zusätzliche Dimension

Will man als zukunftsfähig im Wettbewerb bestehen, sollte man umgehend Nachhaltigkeitskriterien in alle Beschaffungsentscheidungen mit aufnehmen. Die Entscheidung pro Green Procurement muss von der Unternehmensleitung gefällt und zu hundert Prozent unterstützt werden, soll sie den gewünschten Erfolg bringen. Detaillierte Leitlinien für die Einkäufer müssen sicher stellen, dass alle Lieferanten auf ihre Umweltstandards, Arbeitsbedingungen und Geschäftsethik hin überprüft werden. Entsprechende Vorschriften müssen in die Einkaufsbedingungen und die Vertragsgestaltung aufgenommen werden. (3), (7)

Wichtig ist ebenso die Betrachtung des gesamten Lebenszyklus eines Produkts auf Nachhaltigkeit hin. Der Einkäufer ist in der besten Position dafür, da er sowohl den Überblick über die Lieferketten inklusive aller anfallenden Transporte als auch über Abfall- und Entsorgungskosten hat. Er kann beispielsweise Einfluss nehmen auf die Wahl der Transportmittel oder vorgesehene Investitionen in Gebäude und Maschinen. Er kann nicht wiederverwendbare oder recyclingfähige Materialien von vorneherein ausschließen. Durch diese Vorgehensweise wird Nachhaltigkeit zum wichtigen Kaufkriterium für alle Beschaffungstransaktionen werden. (2), (6)

Fallbeispiele

Hohe Energiekosten haben sich in den vergangenen

Monaten vor allem auf die Transportbranche negativ ausgewirkt. Deshalb finden sich hier bereits eine Reihe von Unternehmen, die versuchen, ihre Prozesse nachhaltig umzugestalten. So hat die Deutsche Post World Net das Klimaschutzprogramm GoGreen gestartet. Geplante Maßnahmen sind die Erneuerung der Flugzeugflotte durch energiesparende Flugzeuge sowie der Einsatz von Hybridfahrzeugen. Alle Gebäude werden mit effizienten Beleuchtungssystemen ausgestattet. (8)

In der Kinderklinik von Seattle (USA) hat sich das Green Purchasing von unten nach oben entwickelt. Einige Interessierte haben in ihrem Umfeld Maßnahmen zum Umweltschutz identifiziert und umgesetzt. Als das Management erkannte, dass es viele dieser kleinen Maßnahmen gibt, übernahm es die Koordination der Aktivitäten sowie ihre Verbreitung über die gesamte Klinik. Nun versucht man in allen Abteilungen, möglichst nur noch nachhaltige und umweltschonende Produkte einzusetzen. Es ist die Aufgabe der Einkaufsabteilung, die entsprechenden Lieferanten zu finden und zu qualifizieren. Ziel der Klinik ist es, das grünste Hospital der Vereinigten Staaten zu werden. (9)

Im Juni 2008 veröffentlichte die Daimler AG eine Richtlinie zur Nachhaltigkeit seiner Lieferanten und deren Sublieferanten. Damit werden von den

Lieferanten die gleichen hohen Standards für Umweltschutz, Arbeitsbedingungen und ethisches Geschäftsgebaren eingefordert, die bei Daimler intern bereits seit längerem gelten. Als Hilfestellung für die Lieferanten sind Schulungen, aber auch Kontrollen geplant. (10)

Weiterführende Literatur

(1) Nachhaltigkeitsstrategien sichern die Wettbewerbsfähigkeit Grün – die Farbe der Zukunft
aus BA Beschaffung aktuell, Heft 8, 2008, S. 18

(2) 'Green' procurement goes into the black.
aus Purchasing, United States (PURCHAFT), 137 (2008) 5 page 50

(3) Clean Purchasing – anständig einkaufen Die vierte Dimension
aus BA Beschaffung aktuell, Heft 8, 2008, S. 21

(4) Fair einkaufen
aus BA Beschaffung aktuell, Heft 8, 2008, S. 3

(5) Beide Seiten im Vertrieb mehr gefordert
aus Absatzwirtschaft Nr. 10 vom 01.10.2008 Seite 116

(6) Why go 'Green?' Because it adds efficiency.
aus Purchasing, United States (PURCHAFT), 137 (2008) 5 page 16

(7) „Anständig einkaufen" in der Praxis, Teil II Ein „Grundgesetz" für den Einkauf
aus BA Beschaffung aktuell, Heft 9, 2008, S. 32

(8) IBM-Projekt soll CO2-Emissionen senken „Grüne Logistikplanung"
aus BA Beschaffung aktuell, Heft 8, 2008, S. 26

(9) Seattle Children's Hospital revitalizes Green procurement strategies.
aus Purchasing, United States (PURCHAFT), 137 (2008) 8 page 13

(10) Dr. Heinrich Reidelbach, Vice President, Corporate Procurement Services, Daimler AG Nachhaltiges Wirtschaften aktiv einfordern
aus BA Beschaffung aktuell, Heft 8, 2008, S. 24

Impressum

Green Procurement - Nachhaltigkeit als zusätzliche Dimension

Bibliografische Information der deutschen Nationalbibliothek

Die Deutsche Nationalbibliothek verzeichnet diese Publikation in der deutschen Nationalbibliografie; detaillierte bibliografische Daten sind im Internet über http://dnb.d-nb.de abrufbar.

ISBN: 978-3-7379-1088-0

© 2015 GBI-Genios Deutsche Wirtschaftsdatenbank GmbH, Freischützstraße 96, 81927 München, www.genios.de

Alle Rechte vorbehalten. Dieses Werk ist einschließlich aller seiner Teile – z.B. Texte, Tabellen und Grafiken - urheberrechtlich geschützt. Jede Verwertung außerhalb der Grenzen des Urheberrechtsgesetzes bedarf der vorherigen Zustimmung des Verlags. Dies gilt insbesondere auch für auszugsweise Nachdrucke, fotomechanische

Vervielfältigungen (Fotokopie/Mikroskopie), Übersetzungen, Auswertungen durch Datenbanken oder ähnliche Einrichtungen und die Einspeicherung und Verarbeitung in elektronischen Systemen.